Professeur.

JOURNAL DE COMMUNICATION

PRÉNOM _____

ÉCOLE _____

AN _____

INFORMATIONS DE CONTACT

NOM D'ÉTUDIANT

DATE DE NAISSANCE

Nom du parent - Mère

Numéro de contact

Email du contact

Nom du parent - Père

Numéro de contact

Email du contact

Contact d'urgence n° 1 - Nom et relation   Numéro de contact

Contact d'urgence n° 2 - Nom et relation   Numéro de contact

Information médicale

Autres détails et informations

INFORMATIONS DE CONTACT

NOM D'ÉTUDIANT

DATE DE NAISSANCE

Nom du parent - Mère

Numéro de contact

Email du contact

Nom du parent - Père

Numéro de contact

Email du contact

Contact d'urgence n° 1 - Nom et relation | Numéro de contact

Contact d'urgence n° 2 - Nom et relation | Numéro de contact

Information médicale

Autres détails et informations

🏫 INFORMATIONS DE CONTACT

NOM D'ÉTUDIANT

DATE DE NAISSANCE

Nom du parent - Mère

Numéro de contact

Email du contact

Nom du parent - Père

Numéro de contact

Email du contact

Contact d'urgence n° 1 - Nom et relation   Numéro de contact

Contact d'urgence n° 2 - Nom et relation   Numéro de contact

Information médicale

Autres détails et informations

INFORMATIONS DE CONTACT

NOM D'ÉTUDIANT

DATE DE NAISSANCE

Nom du parent - Mère

Numéro de contact

Email du contact

Nom du parent - Père

Numéro de contact

Email du contact

Contact d'urgence n° 1 - Nom et relation   Numéro de contact

Contact d'urgence n° 2 - Nom et relation   Numéro de contact

Information médicale

Autres détails et informations

INFORMATIONS DE CONTACT

NOM D'ÉTUDIANT

DATE DE NAISSANCE

Nom du parent - Mère

Numéro de contact

Email du contact

Nom du parent - Père

Numéro de contact

Email du contact

Contact d'urgence n° 1 - Nom et relation   Numéro de contact

Contact d'urgence n° 2 - Nom et relation   Numéro de contact

Information médicale

Autres détails et informations

INFORMATIONS DE CONTACT

NOM D'ÉTUDIANT

DATE DE NAISSANCE

Nom du parent - Mère

Numéro de contact

Email du contact

Nom du parent - Père

Numéro de contact

Email du contact

Contact d'urgence n°1 - Nom et relation   Numéro de contact

Contact d'urgence n°2 - Nom et relation   Numéro de contact

Information médicale

Autres détails et informations

INFORMATIONS DE CONTACT

NOM D'ÉTUDIANT

DATE DE NAISSANCE

Nom du parent - Mère

Numéro de contact

Email du contact

Nom du parent - Père

Numéro de contact

Email du contact

Contact d'urgence n° 1 - Nom et relation   Numéro de contact

Contact d'urgence n° 2 - Nom et relation   Numéro de contact

Information médicale

Autres détails et informations

INFORMATIONS DE CONTACT

NOM D'ÉTUDIANT

DATE DE NAISSANCE

Nom du parent - Mère

Numéro de contact

Email du contact

Nom du parent - Père

Numéro de contact

Email du contact

Contact d'urgence n° 1 - Nom et relation   Numéro de contact

Contact d'urgence n° 2 - Nom et relation   Numéro de contact

Information médicale

Autres détails et informations

INFORMATIONS DE CONTACT

NOM D'ÉTUDIANT

DATE DE NAISSANCE

Nom du parent - Mère

Numéro de contact

Email du contact

Nom du parent - Père

Numéro de contact

Email du contact

Contact d'urgence n° 1 - Nom et relation   Numéro de contact

Contact d'urgence n° 2 - Nom et relation   Numéro de contact

Information médicale

Autres détails et informations

INFORMATIONS DE CONTACT

NOM D'ÉTUDIANT

DATE DE NAISSANCE

Nom du parent - Mère

Numéro de contact

Email du contact

Nom du parent - Père

Numéro de contact

Email du contact

Contact d'urgence n°1 - Nom et relation   Numéro de contact

Contact d'urgence n°2 - Nom et relation   Numéro de contact

Information médicale

Autres détails et informations

INFORMATIONS DE CONTACT

NOM D'ÉTUDIANT

DATE DE NAISSANCE

Nom du parent - Mère

Numéro de contact

Email du contact

Nom du parent - Père

Numéro de contact

Email du contact

Contact d'urgence n° 1 - Nom et relation   Numéro de contact

Contact d'urgence n° 2 - Nom et relation   Numéro de contact

Information médicale

Autres détails et informations

INFORMATIONS DE CONTACT

NOM D'ÉTUDIANT

DATE DE NAISSANCE

Nom du parent - Mère

Numéro de contact

Email du contact

Nom du parent - Père

Numéro de contact

Email du contact

Contact d'urgence n° 1 - Nom et relation

Numéro de contact

Contact d'urgence n° 2 - Nom et relation

Numéro de contact

Information médicale

Autres détails et informations

INFORMATIONS DE CONTACT

NOM D'ÉTUDIANT

DATE DE NAISSANCE

Nom du parent - Mère

Numéro de contact

Email du contact

Nom du parent - Père

Numéro de contact

Email du contact

Contact d'urgence n° 1 - Nom et relation   Numéro de contact

Contact d'urgence n° 2 - Nom et relation   Numéro de contact

Information médicale

Autres détails et informations

INFORMATIONS DE CONTACT

NOM D'ÉTUDIANT

DATE DE NAISSANCE

Nom du parent - Mère

Numéro de contact

Email du contact

Nom du parent - Père

Numéro de contact

Email du contact

Contact d'urgence n° 1 - Nom et relation — Numéro de contact

Contact d'urgence n° 2 - Nom et relation — Numéro de contact

Information médicale

Autres détails et informations

🏫 INFORMATIONS DE CONTACT

NOM D'ÉTUDIANT

DATE DE NAISSANCE

Nom du parent - Mère

Numéro de contact

Email du contact

Nom du parent - Père

Numéro de contact

Email du contact

Contact d'urgence n° 1 - Nom et relation | Numéro de contact

Contact d'urgence n° 2 - Nom et relation | Numéro de contact

Information médicale

Autres détails et informations

INFORMATIONS DE CONTACT

NOM D'ÉTUDIANT

DATE DE NAISSANCE

Nom du parent - Mère

Numéro de contact

Email du contact

Nom du parent - Père

Numéro de contact

Email du contact

Contact d'urgence n°1 - Nom et relation   Numéro de contact

Contact d'urgence n°2 - Nom et relation   Numéro de contact

Information médicale

Autres détails et informations

INFORMATIONS DE CONTACT

NOM D'ÉTUDIANT

DATE DE NAISSANCE

Nom du parent - Mère

Numéro de contact

Email du contact

Nom du parent - Père

Numéro de contact

Email du contact

Contact d'urgence n° 1 - Nom et relation

Numéro de contact

Contact d'urgence n° 2 - Nom et relation

Numéro de contact

Information médicale

Autres détails et informations

🏫 INFORMATIONS DE CONTACT

NOM D'ÉTUDIANT

DATE DE NAISSANCE

Nom du parent - Mère

Numéro de contact

Email du contact

Nom du parent - Père

Numéro de contact

Email du contact

Contact d'urgence n°1 - Nom et relation | Numéro de contact

Contact d'urgence n°2 - Nom et relation | Numéro de contact

Information médicale

Autres détails et informations

🏫 INFORMATIONS DE CONTACT

NOM D'ÉTUDIANT

DATE DE NAISSANCE

Nom du parent - Mère

Numéro de contact

Email du contact

Nom du parent - Père

Numéro de contact

Email du contact

Contact d'urgence n°1 - Nom et relation   Numéro de contact

Contact d'urgence n°2 - Nom et relation   Numéro de contact

Information médicale

Autres détails et informations

INFORMATIONS DE CONTACT

NOM D'ÉTUDIANT

DATE DE NAISSANCE

Nom du parent - Mère

Numéro de contact

Email du contact

Nom du parent - Père

Numéro de contact

Email du contact

Contact d'urgence n° 1 - Nom et relation   Numéro de contact

Contact d'urgence n° 2 - Nom et relation   Numéro de contact

Information médicale

Autres détails et informations

INFORMATIONS DE CONTACT

NOM D'ÉTUDIANT

DATE DE NAISSANCE

Nom du parent - Mère

Numéro de contact

Email du contact

Nom du parent - Père

Numéro de contact

Email du contact

Contact d'urgence n° 1 - Nom et relation   Numéro de contact

Contact d'urgence n° 2 - Nom et relation   Numéro de contact

Information médicale

Autres détails et informations

INFORMATIONS DE CONTACT

NOM D'ÉTUDIANT

DATE DE NAISSANCE

Nom du parent - Mère

Numéro de contact

Email du contact

Nom du parent - Père

Numéro de contact

Email du contact

Contact d'urgence n° 1 - Nom et relation | Numéro de contact

Contact d'urgence n° 2 - Nom et relation | Numéro de contact

Information médicale

Autres détails et informations

🏫 INFORMATIONS DE CONTACT

NOM D'ÉTUDIANT

DATE DE NAISSANCE

Nom du parent - Mère

Numéro de contact

Email du contact

Nom du parent - Père

Numéro de contact

Email du contact

Contact d'urgence n° 1 - Nom et relation

Numéro de contact

Contact d'urgence n° 2 - Nom et relation

Numéro de contact

Information médicale

Autres détails et informations

🏫 INFORMATIONS DE CONTACT

NOM D'ÉTUDIANT

DATE DE NAISSANCE

Nom du parent - Mère

Numéro de contact

Email du contact

Nom du parent - Père

Numéro de contact

Email du contact

Contact d'urgence n° 1 - Nom et relation   Numéro de contact

Contact d'urgence n° 2 - Nom et relation   Numéro de contact

Information médicale

Autres détails et informations

INFORMATIONS DE CONTACT

NOM D'ÉTUDIANT

DATE DE NAISSANCE

Nom du parent - Mère

Numéro de contact

Email du contact

Nom du parent - Père

Numéro de contact

Email du contact

Contact d'urgence n° 1 - Nom et relation   Numéro de contact

Contact d'urgence n° 2 - Nom et relation   Numéro de contact

Information médicale

Autres détails et informations

INFORMATIONS DE CONTACT

NOM D'ÉTUDIANT

DATE DE NAISSANCE

Nom du parent - Mère

Numéro de contact

Email du contact

Nom du parent - Père

Numéro de contact

Email du contact

Contact d'urgence n° 1 - Nom et relation   Numéro de contact

Contact d'urgence n° 2 - Nom et relation   Numéro de contact

Information médicale

Autres détails et informations

INFORMATIONS DE CONTACT

NOM D'ÉTUDIANT

DATE DE NAISSANCE

Nom du parent - Mère

Numéro de contact

Email du contact

Nom du parent - Père

Numéro de contact

Email du contact

Contact d'urgence n° 1 - Nom et relation   Numéro de contact

Contact d'urgence n° 2 - Nom et relation   Numéro de contact

Information médicale

Autres détails et informations

INFORMATIONS DE CONTACT

NOM D'ÉTUDIANT

DATE DE NAISSANCE

Nom du parent - Mère

Numéro de contact

Email du contact

Nom du parent - Père

Numéro de contact

Email du contact

Contact d'urgence n° 1 - Nom et relation   Numéro de contact

Contact d'urgence n° 2 - Nom et relation   Numéro de contact

Information médicale

Autres détails et informations

INFORMATIONS DE CONTACT

NOM D'ÉTUDIANT

DATE DE NAISSANCE

Nom du parent - Mère

Numéro de contact

Email du contact

Nom du parent - Père

Numéro de contact

Email du contact

Contact d'urgence n° 1 - Nom et relation   Numéro de contact

Contact d'urgence n° 2 - Nom et relation   Numéro de contact

Information médicale

Autres détails et informations

INFORMATIONS DE CONTACT

NOM D'ÉTUDIANT

DATE DE NAISSANCE

Nom du parent - Mère

Numéro de contact

Email du contact

Nom du parent - Père

Numéro de contact

Email du contact

Contact d'urgence n°1 - Nom et relation   Numéro de contact

Contact d'urgence n°2 - Nom et relation   Numéro de contact

Information médicale

Autres détails et informations

INFORMATIONS DE CONTACT

NOM D'ÉTUDIANT

DATE DE NAISSANCE

Nom du parent - Mère

Numéro de contact

Email du contact

Nom du parent - Père

Numéro de contact

Email du contact

Contact d'urgence n° 1 - Nom et relation   Numéro de contact

Contact d'urgence n° 2 - Nom et relation   Numéro de contact

Information médicale

Autres détails et informations

INFORMATIONS DE CONTACT

NOM D'ÉTUDIANT

DATE DE NAISSANCE

Nom du parent - Mère

Numéro de contact

Email du contact

Nom du parent - Père

Numéro de contact

Email du contact

Contact d'urgence n° 1 - Nom et relation   Numéro de contact

Contact d'urgence n° 2 - Nom et relation   Numéro de contact

Information médicale

Autres détails et informations

INFORMATIONS DE CONTACT

NOM D'ÉTUDIANT

DATE DE NAISSANCE

Nom du parent - Mère

Numéro de contact

Email du contact

Nom du parent - Père

Numéro de contact

Email du contact

Contact d'urgence n°1 - Nom et relation   Numéro de contact

Contact d'urgence n°2 - Nom et relation   Numéro de contact

Information médicale

Autres détails et informations

INFORMATIONS DE CONTACT

NOM D'ÉTUDIANT

DATE DE NAISSANCE

Nom du parent - Mère

Numéro de contact

Email du contact

Nom du parent - Père

Numéro de contact

Email du contact

Contact d'urgence n° 1 - Nom et relation

Numéro de contact

Contact d'urgence n° 2 - Nom et relation

Numéro de contact

Information médicale

Autres détails et informations

INFORMATIONS DE CONTACT

NOM D'ÉTUDIANT

DATE DE NAISSANCE

Nom du parent - Mère

Numéro de contact

Email du contact

Nom du parent - Père

Numéro de contact

Email du contact

Contact d'urgence n°1 - Nom et relation   Numéro de contact

Contact d'urgence n°2 - Nom et relation   Numéro de contact

Information médicale

Autres détails et informations

🏫 INFORMATIONS DE CONTACT

NOM D'ÉTUDIANT

DATE DE NAISSANCE

Nom du parent - Mère

Numéro de contact

Email du contact

Nom du parent - Père

Numéro de contact

Email du contact

Contact d'urgence n° 1 - Nom et relation   Numéro de contact

Contact d'urgence n° 2 - Nom et relation   Numéro de contact

Information médicale

Autres détails et informations

INFORMATIONS DE CONTACT

NOM D'ÉTUDIANT

DATE DE NAISSANCE

Nom du parent - Mère

Numéro de contact

Email du contact

Nom du parent - Père

Numéro de contact

Email du contact

Contact d'urgence n°1 - Nom et relation   Numéro de contact

Contact d'urgence n°2 - Nom et relation   Numéro de contact

Information médicale

Autres détails et informations

INFORMATIONS DE CONTACT

NOM D'ÉTUDIANT

DATE DE NAISSANCE

Nom du parent - Mère

Numéro de contact

Email du contact

Nom du parent - Père

Numéro de contact

Email du contact

Contact d'urgence n° 1 - Nom et relation   Numéro de contact

Contact d'urgence n° 2 - Nom et relation   Numéro de contact

Information médicale

Autres détails et informations

🏫 INFORMATIONS DE CONTACT

NOM D'ÉTUDIANT

DATE DE NAISSANCE

Nom du parent - Mère

Numéro de contact

Email du contact

Nom du parent - Père

Numéro de contact

Email du contact

Contact d'urgence n°1 - Nom et relation   Numéro de contact

Contact d'urgence n°2 - Nom et relation   Numéro de contact

Information médicale

Autres détails et informations

INFORMATIONS DE CONTACT

NOM D'ÉTUDIANT

DATE DE NAISSANCE

Nom du parent - Mère

Numéro de contact

Email du contact

Nom du parent - Père

Numéro de contact

Email du contact

Contact d'urgence n° 1 - Nom et relation   Numéro de contact

Contact d'urgence n° 2 - Nom et relation   Numéro de contact

Information médicale

Autres détails et informations

www.ingramcontent.com/pod-product-compliance
Lightning Source LLC
LaVergne TN
LVHW060142080526
838202LV00049B/4059